Ç'a été pour moi un privilège et un honneur de participer à ce beau projet. J'espère de tout cœur qu'il accomplira sa mission : apprendre aux enfants du monde qu'ils ont des droits et contribuer à la juste reconnaissance de ceux-ci.

J'aimerais remercier Denis Pascal, grâce à qui Léon et moi sommes devenus de fiers ambassadeurs de l'UNICEF.

Ce livre tout spécial n'existerait pas sans éditeur. Merci à la courte échelle d'avoir sauté à pieds joints avec moi dans cette aventure.

Je tiens également à souligner la généreuse collaboration d'André Lambert, tout à fait bénévole. Merci, Dédé !

Enfin, je dédie ce livre à tous les enfants du monde.

AnnieGroovie

QU'EST-CE QUE L'UNICEF ?

Savais-tu que, dans le monde, de nombreux enfants n'ont pas la chance de manger et de boire sainement, d'aller à l'école, ou bien encore de jouer ?

L'UNICEF est un organisme qui œuvre pour les enfants comme toi dans plus de 150 pays et territoires.

L'UNICEF aide les enfants à grandir, s'assure qu'ils reçoivent des aliments sains ainsi que de l'eau potable, et qu'ils ont accès à des soins médicaux.

En construisant des écoles et en leur procurant des fournitures scolaires, l'UNICEF leur permet aussi de réaliser leur potentiel et d'apprendre.

De plus, l'UNICEF protège les filles et les garçons dans des situations d'urgence, telles que les guerres, les tremblements de terre ou les inondations, et ce, dans le monde entier.

L'UNICEF travaille fort pour défendre les droits dont tous les enfants d'ici et des autres pays devraient jouir.

Les droits de l'enfant désignent tout ce que chaque enfant devrait avoir ou être capable de faire.

Tous les enfants naissent avec les mêmes droits, mais ils sont nombreux dans le monde à ne pas les connaître.

Ces droits sont énoncés dans un document légal appelé la Convention relative aux droits de l'enfant des Nations Unies (CDE), qui est comparable à un contrat légal que les gouvernements signent comme promesse de protéger les droits de tous les enfants.

Ainsi, chaque enfant de ton âge doit pouvoir bénéficier des droits dont ceux de demeurer en bonne santé, et de mener une vie agréable et heureuse. Mais parfois, ces droits ne sont pas respectés ; le rôle de l'UNICEF consiste alors à intervenir et à s'assurer qu'ils le seront à l'avenir. Sans l'aide des gouvernements, des adultes, des jeunes et des enfants comme toi, l'UNICEF serait incapable d'accomplir son merveilleux travail.

Pour plus d'information sur l'UNICEF, sur les droits de l'enfant et sur la manière dont tu peux changer les choses, visite le www.unicef.ca.

unicef

PETITE HISTOIRE DE LA CONVENTION

Il y a 20 ans déjà, le 20 novembre 1989, un document très spécial a vu le jour. Ce texte, rédigé par les Nations Unies*, porte le nom de **Convention relative aux droits de l'enfant**. Il a pour but de protéger les jeunes du monde entier. S'il a une si grande valeur, c'est qu'il est le premier document officiel à accorder des droits spécifiques aux enfants.

Mais pourquoi avoir écrit cette **Convention** pour vous, les enfants ? D'abord parce que vous avez des droits, au même titre que tous les autres êtres humains ! Ensuite parce que vous êtes encore jeunes et en pleine croissance, et que vous avez besoin d'une assistance particulière.

En signant cette **Convention**, les pays s'engagent à reconnaître les droits de tous les enfants. Si nécessaire, ils doivent modifier ou créer des lois afin de respecter la **Convention**. Bref, les dirigeants de ces pays doivent trouver les meilleurs moyens pour protéger l'intérêt supérieur de l'enfant.

La **Convention** a été signée par plus de 150 pays depuis sa rédaction. Il s'agit du document de droit international accepté par le plus grand nombre de nations. Ce n'est pas rien !

Au Canada, c'est en 1991 que la **Convention relative aux droits de l'enfant** a été adoptée. Tu peux donc être rassuré car tu jouis de la protection de ce document officiel !

unicef

*Nations Unies : Organisation mondiale fondée en 1945 par 51 pays déterminés à prendre tous les moyens nécessaires pour améliorer les conditions de vie des êtres humains en s'assurant, entre autres, que leurs droits soient respectés.

TABLE DES MATIÈRES

LÉON ET LES DROITS DE L'ENFANT

INTRODUCTION

Si tu es âgé de moins de 18 ans, peu importe ton identité culturelle, ta couleur, ton sexe, ton **statut social**, ta langue ou ta religion, cette **convention** est pour toi. Génial, non ?

Jusqu'à maintenant, presque tous les pays ont approuvé cette entente. En la signant, ces gouvernements se sont engagés à utiliser tous les moyens possibles pour aider les enfants à faire valoir leurs droits et ainsi assurer leur bien-être. En lisant ce livre, tu prendras connaissance d'une bonne partie de ces droits. Ils ont été résumés dans un langage clair et simple, exprès pour toi, pour que tu puisses bien les comprendre.

À la fin du livre, tu trouveras une liste d'**organismes** avec lesquels tu pourras prendre contact en cas de besoin. Il y a également un lexique, qui te permettra de mieux saisir la signification de certains mots. Ils sont en gras et en gris dans le texte pour que tu puisses les identifier facilement.

Enfin, sache que si la forme masculine est employée dans ce livre, c'est seulement pour en faciliter la lecture – ces droits concernent autant les filles que les garçons. Voilà, es-tu prêt ? Il ne te reste plus qu'à tourner la page pour découvrir tes droits !

TU AS LE DROIT D'EXISTER OFFICIELLEMENT

Dès ta naissance, tu as le droit d'avoir un nom, d'obtenir une **nationalité** et de connaître, dans la mesure du possible, tes parents. Tu dois toutefois être inscrit officiellement dans un **registre** gouvernemental. Comme tu es trop petit, à ce moment-là, pour t'occuper toi-même de cette démarche, c'est à tes parents ou à une **autorité** de le faire.

[Article 7]

TU AS LE DROIT DE VIVRE

Tu ne pensais pas que vivre était un droit ? Eh bien, oui ! Tes parents et les autres membres de ta famille doivent s'assurer que tu as ce qu'il faut pour **subsister**, comme des soins **adéquats** et de la nourriture saine. Sinon, des représentants du gouvernement veilleront sur toi. Car, après tout, la vie vaut la peine d'être vécue !

[Article 6]

TU AS LE DROIT D'ÊTRE ÉLEVÉ PAR TES PROPRES PARENTS

Tout parent a la responsabilité d'élever ses enfants et d'assurer leur développement. Cela peut sembler évident, pourtant, il n'est pas toujours facile d'y arriver. C'est pourquoi le gouvernement soutient les parents en mettant à leur disposition toutes sortes de ressources. Si, par exemple, ils travaillent et ne peuvent s'occuper de toi toute la journée, tu as le droit de **bénéficier** de services de garde.

[Article 18]

TU AS LE DROIT D'ÊTRE BIEN TRAITÉ SI TU ES ADOPTÉ

Il se peut que tes parents ne soient pas prêts ou **aptes** à prendre soin de toi. Tu as alors le droit d'être confié à une famille d'adoption. Le gouvernement doit te trouver de nouveaux parents gentils et honnêtes, qui sauront veiller sur toi. Parfois, quand personne dans le pays où tu es né ne répond à ces conditions, l'adoption par des parents d'un pays étranger est envisagée. Tu as peut-être toi-même des amis qui viennent de Chine ou d'autres pays...

[Article 21]

TU AS DROIT À DES SOINS DE SANTÉ DE QUALITÉ

Tu as droit à des services médicaux dès ta naissance afin de jouir de la meilleure santé possible. Pour t'aider, le gouvernement doit voir à ce que ta maman reçoive de bons soins pendant sa grossesse afin que tu sois en santé au moment de venir au monde. Par la suite, elle a aussi accès à toutes sortes de ressources pour que tu puisses rester en pleine forme.

[Article 24]

TU AS LE DROIT D'ÊTRE TRAITÉ AVEC DIGNITÉ SI TU AS UN HANDICAP

Si tu es atteint d'un handicap physique ou mental, peu importe lequel, tu as le droit de mener une vie agréable et active. On doit te traiter avec **dignité** et faciliter ta vie en société. Tu as également le droit d'être soigné, d'aller à l'école et de t'amuser pour t'**épanouir** pleinement. S'ils en ont besoin, tes parents peuvent demander de l'aide pour être en mesure de mieux s'occuper de toi. C'est important !

[Article 23]

TU AS DROIT À UNE QUALITÉ DE VIE CONVENABLE

Cela veut dire que tu ne dois manquer de rien afin de grandir normalement, dans les meilleures conditions possibles. Quelles sont-elles ? Avoir un toit sous lequel vivre, un lit confortable, de la nourriture en quantité suffisante et des vêtements chauds. Tout cela est nécessaire, entre autres, pour t'aider à rester concentré à l'école et à être en bonne santé. Ça ne veut pas dire pour autant que tu as le droit de prendre trois portions de dessert !

[Article 27]

TU AS DROIT À UNE AIDE SPÉCIALE SI TU ES PAUVRE OU VULNÉRABLE

Cette aide provient du gouvernement et elle se nomme « sécurité sociale ». C'est de l'argent que tes parents peuvent recevoir afin de **subvenir** à tes besoins, c'est-à-dire te loger et t'habiller de façon **convenable**, te permettre d'aller à l'école et de manger à ta faim. Ces sous ne servent pas à t'acheter la plus récente console de jeux vidéo ! Tu as des besoins plus **essentiels** que ça, non ?

[Article 26]

TU AS DROIT À TA VIE PRIVÉE

Cela veut dire que personne ne peut entrer chez toi et fouiller dans tes affaires à ton **insu**. Personne n'a le droit, non plus, de dire des choses fausses à ton sujet, qui risqueraient de te blesser et de **ternir** ta réputation. Si tu subis ce genre de traitement injuste, tu as droit à de l'aide. Parles-en à un adulte en qui tu as vraiment confiance, à tes parents, à ton prof, à ta gardienne ou même à ta voisine. N'hésite pas : il faut **dénoncer** les abus !

[Article 16]

TU AS DROIT AU RESPECT DES PARTIES INTIMES DE TON CORPS

Ton corps n'est pas un jouet ! C'est pourquoi personne ne devrait se permettre de jouer avec lui, que tu sois habillé ou nu. On ne peut pas non plus te demander de montrer tes parties intimes, même devant une caméra ! Ton corps t'appartient, il est à toi. Si cela t'arrive, tu peux en parler en toute confiance à des gens qui sont là pour t'aider et t'écouter. Tu n'as qu'à consulter la liste des **organismes** à la fin de ce livre.

[Article 34]

TU AS LE DROIT D'ÊTRE PROTÉGÉ CONTRE TOUTE FORME DE VIOLENCE

Personne, pas même tes parents, n'a le droit de te faire du mal, de t'**exploiter**, de te **négliger** ou de t'abandonner. Les gestes violents, les menaces et même les paroles **indécentes** à ton endroit sont inacceptables. Tu ne mérites pas un tel traitement. Il existe plusieurs **organismes** qui peuvent te venir en aide si ça t'arrive. Réfère-toi à la liste à la fin de ce livre.

[Article 19]

TU AS LE DROIT DE T'INSTRUIRE

Comme tu le sais sans doute, l'éducation, c'est très important. Ce n'est pas pour rien que le gouvernement te donne accès, gratuitement, à l'école primaire et secondaire. Tu as aussi droit à de l'**aide financière** (en cas de besoin) et à de l'information au sujet d'études qui pourraient te servir plus tard, qui sait ? Tu vois, il n'y a pas de raison de ne pas aller à l'école ! Même que tu devrais en profiter, car ce ne sont pas tous les enfants qui ont cette chance...

[Article 28]

TU AS LE DROIT DE T'INFORMER

Que ce soit dans les journaux, dans les livres, à la télévision ou sur Internet, tu as le droit d'avoir accès à plusieurs sources d'information, et ce, de partout sur la planète. Pourquoi est-ce un droit ? Parce qu'il est nécessaire pour ton développement que tu puisses enrichir tes connaissances générales et savoir ce qui se passe en dehors de chez toi. Il y a tout un monde à découvrir !

[Article 17]

TU AS LE DROIT DE DONNER TON OPINION

Lorsqu'un sujet te concerne, tu as
le droit de donner ton opinion.
Tu peux le faire toi-même ou demander
à quelqu'un (par exemple, une personne
d'un **organisme**) de te représenter.
Les **autorités** devront écouter
ce que tu as à dire et le **prendre
en considération**. Cela ne signifie
pas pour autant que tu peux monter
sur la table et crier des insultes
à tout le monde... on se comprend !

[Article 12]

TU AS LE DROIT DE T'EXPRIMER LIBREMENT

S'exprimer librement signifie
avoir le droit de **diffuser**
de l'information, de transmettre
sa pensée et ses idées. Pour cela,
tu peux utiliser le moyen de
ton choix, pourvu que tu respectes
les lois de ton pays. Par exemple,
tu peux prendre la parole, écrire,
dessiner ou peindre, mais pas
des graffitis sur les murs
de ton école...

[Article 13]

TU AS LE DROIT DE T'AMUSER ET DE TE REPOSER

Oui, oui, c'est un droit ! Il est important de jouer, de s'éclater, de bricoler, de rire, bref de s'amuser ! Pour cela, tu devrais avoir accès à toutes sortes d'activités dans ton quartier : te baigner à la piscine publique, assister à des spectacles en plein air, faire partie d'une équipe de soccer, suivre des cours de peinture, de poterie, de musique, etc. T'arrive-t-il aussi d'avoir envie de ne rien faire, de juste vouloir te reposer un peu ? Pas de problème, c'est bien correct comme ça !

[Article 31]

TU AS LE DROIT DE REFUSER D'AVOIR UN EMPLOI

Ce droit existe, entre autres, pour te protéger contre l'exploitation économique. Qu'est-ce que c'est, l'exploitation économique ? Ça signifie faire travailler quelqu'un et ne pas le payer assez, ou pas du tout ! Ce n'est pas tellement honnête, n'est-ce pas ? Cependant, si tes parents te demandent parfois de les aider quelques heures dans le jardin, à la ferme ou à leur commerce, c'est normal. Pourvu que cela ne t'empêche pas d'aller à l'école, que ce ne soit pas dangereux pour toi et que ça ne nuise pas à ta santé ou à ton développement.

[Article 32]

TU AS LE DROIT D'ÊTRE PROTÉGÉ CONTRE LES DROGUES

Comme tu le sais sans doute, les drogues peuvent être très **nocives** pour ta santé. C'est pourquoi les **autorités** de ton pays devraient prendre les mesures nécessaires pour éviter que tu sois en contact avec ces substances. Surtout, ne fréquente pas des gens qui pourraient te proposer d'en fabriquer ou d'en vendre. Tu risquerais alors d'avoir de sérieux problèmes avec la justice !

[Article 33]

TU AS DES DROITS MÊME SI TU AS ENFREINT LA LOI

Si on te suspecte d'avoir commis une faute, d'après la loi, on doit tout de même te traiter correctement et respecter ta **dignité**. Car il faut d'abord prouver que tu es bien coupable ! Tu as droit aux services d'un avocat et même d'un **interprète** si tu ne comprends pas la langue qui est parlée à l'endroit où tu te trouves. Si tu es coupable, tu seras jugé selon le système de justice pour la jeunesse et non selon celui des adultes. Après tout, tu devrais avoir la possibilité d'apprendre de tes erreurs...

[Article 40]

TU AS LE DROIT DE NE PAS FAIRE LA GUERRE

Si un conflit armé éclate – et il y a très peu de risques que cela se produise ici, au Canada –, personne n'a le droit de t'**enrôler** si tu n'as pas atteint l'âge de 15 ans. Tu **bénéficieras**, au contraire, d'une protection spéciale et de soins d'urgence en cas de blessure. En ce moment, beaucoup trop de jeunes enfants participent à des guerres, un peu partout dans le monde.
Pas parce qu'ils le désirent, mais parce qu'on les oblige à le faire.
Tu peux donc te considérer comme très chanceux !

[Article 38]

TU AS DROIT À DE L'AIDE SI TU AS ÉTÉ MALTRAITÉ

Si un policier, un parent, un professeur, un ami ou toute autre personne t'a maltraité ou **torturé**, tu as le droit de recevoir de l'aide. Pour savoir à qui t'adresser dans ce cas, consulte la liste d'**organismes** à la fin de ce livre. Il est important que tu récupères, et vite !

[Article 39]

TU AS LE DROIT D'ÊTRE PROTÉGÉ CONTRE L'ENLÈVEMENT OU LA VENTE D'ENFANTS

Tu t'en doutes sûrement : enlever ou vendre un enfant est un crime. Alors, si tu es en danger ou si tu es témoin d'une situation de ce genre, tu dois absolument avertir la police le plus rapidement possible en composant le 9-1-1. C'est très grave !

[Article 35]

TU AS LE DROIT DE CONNAÎTRE TES DROITS !

Eh oui ! C'est pourquoi, en plus de la Convention relative aux droits de l'enfant des Nations Unies, ce livre a été publié. Parce qu'il est **primordial** que tout enfant, fille ou garçon, blanc ou noir, riche ou pauvre, chrétien ou musulman, connaisse et surtout comprenne ses droits. Ce qu'il faut retenir dans tout ça, c'est que tu as le droit d'être bien traité et d'avoir tout ce dont tu as besoin pour vivre heureux et en santé. Ça va de soi, non ?

[Article 42]

LEXIQUE

Adéquats : appropriés, convenables.

Aide financière : argent.

Aptes : capables.

Autorité : personne ou organisme qui a le pouvoir de décider.

Bénéficier : profiter.

Convenable : correct, honnête.

Convention : accord, pacte entre des personnes, des pays.

Dénoncer : faire connaître, signaler.

Diffuser : répandre, faire connaître.

Dignité : respect que mérite une personne.

Enfreindre : désobéir à, violer.

Enrôler : engager dans une armée.

Épanouir (s') : se développer librement.

Essentiels : indispensables, nécessaires.

Exploiter : profiter de quelqu'un, s'en servir pour faire un profit.

Indécentes : choquantes, offensantes.

Insu : sans qu'on le sache, dans notre dos.

Interprète : personne qui traduit des paroles.

Nationalité : état d'une personne qui fait partie d'une nation, citoyenneté.

Négliger : ne pas accorder assez de soins.

Nocives : dangereuses.

Organismes : associations, groupements qui offrent des services.

Prendre en considération : tenir compte de quelque chose.

Primordial : essentiel, très important.

Registre : répertoire, livre officiel.

Statut social : état, situation dans la société.

Subsister : assurer sa survie.

Subvenir : fournir ce qui est nécessaire.

Ternir : salir, porter atteinte à quelqu'un.

Torturé : qu'on a fait souffrir physiquement ou moralement.

Vulnérable : qui se défend mal, qui est fragile.

ORGANISMES POUVANT TE VENIR EN AIDE

En cas de besoin, tu peux communiquer avec eux en toute confiance.

Besoin de parler ?

• TEL-JEUNES

24 heures sur 24, 7 jours sur 7. Confidentiel et gratuit. Quelle que soit ta situation, peu importe l'heure, des personnes sont là pour toi.

www.teljeunes.com
514 288-2266 ou 1 800 263-2266

• JEUNESSE, J'ÉCOUTE

24 heures sur 24, 7 jours sur 7. Gratuit, bilingue et anonyme.

www.jeunessejecoute.ca
1 800 668-6868

• TEL-AIDE QUÉBEC

De 9 h à minuit. Gratuit, anonyme et confidentiel.

www.telaide.qc.ca
418 686-2433 ou 1 877 700-2433

Besoin d'aide ?

• ENTRAIDE JEUNESSE QUÉBEC

Entre jeunes, on peut s'aider ! Pour les 12 à 25 ans.

www.entraidejeunesse.qc.ca
418 649-9705

• PARENTS-SECOURS QUÉBEC

Si tu te sens en danger (même sur Internet), Parents-Secours est là pour te protéger.

www.parentssecours.ca
1 800 588-8173

• ÉDUCATION-COUP-DE-FIL

Pas toujours facile de s'entendre avec ses parents... Gratuit et anonyme.

www.education-coup-de-fil.com
514 525-2573 ou 1 866 329-4223

• CENTRE DE RESSOURCES FAMILIALES DU QUÉBEC

Besoin d'aide à la suite de la séparation de tes parents ou à cause de conflits dans ta famille ? Ligne d'écoute téléphonique confidentielle, conseils juridiques, etc.

www.crfq.org

1 800 361-8453

Besoin d'information ?

• JEUNE POUR JEUNES, L'ESPACE JEUNESSE D'ÉDUCALOI

Pour tout savoir sur tes droits et tes obligations.

www.jeunepourjeunes.com

• JEUNES EN SANTÉ

Un site rempli de renseignements sur la santé des jeunes.

www.jeunesensante.ca

Autres ressources

• J'APPRENDS AVEC MON ENFANT

Pour découvrir le plaisir de la lecture, et prévenir l'analphabétisme et le décrochage scolaire.

www.japprendsavecmonenfant.org

• LA RELANCE – JEUNES ET FAMILLES

Pour permettre à chaque enfant de partir à chances égales dans la vie.

www.larelancejeunesetfamilles.org

514 525-1508

• LE REGROUPEMENT DES ORGANISMES ESPACE DU QUÉBEC (R.O.E.Q.)

Pour les victimes de violence, quelle qu'en soit la forme.

www.roeq.qc.ca

819 751-1436

• ASSOCIATION DES CENTRES JEUNESSE DU QUÉBEC

www.acjq.qc.ca

514 842-5181

• SOCIÉTÉ POUR LES ENFANTS HANDICAPÉS DU QUÉBEC

Pour aider les jeunes vivant avec un handicap à réaliser leurs rêves.

www.enfantshandicapes.com

514 937-6171 ou 1 877 937-6171

• CAMP POUR ENFANTS DIABÉTIQUES DE L'EST DU QUÉBEC (CEDEQ)

Pour les jeunes diabétiques.

www.cedeq.org

418 523-6159

• ASSOCIATION QUÉBÉCOISE DES TROUBLES D'APPRENTISSAGE (AQETA)

Pour les enfants qui ont des troubles d'apprentissage et leurs parents.

www.aqeta.qc.ca

514 847-1324

Les éditions de la courte échelle inc.
160, rue Saint-Viateur Est
Montréal (Québec) H2T 1A8
www.courteechelle.com

Révision : André Lambert et Valérie Quintal

Conception graphique de la couverture : Annie Groovie

Infographie : Nathalie Thomas

Dépôt légal, 4e trimestre 2009
Bibliothèque nationale du Québec

La courte échelle reconnaît l'aide financière du gouvernement du Canada par l'entremise du Programme d'aide au développement de l'industrie de l'édition pour ses activités d'édition. La courte échelle est aussi inscrite au programme de subvention globale du Conseil des Arts du Canada et reçoit l'appui du gouvernement du Québec par l'intermédiaire de la SODEC.

La courte échelle bénéficie également du Programme de crédit d'impôt pour l'édition de livres – Gestion SODEC – du gouvernement du Québec.

Catalogage avant publication de Bibliothèque et Archives nationales du Québec et Bibliothèque et Archives Canada

Groovie, Annie

Léon et les droits de l'enfant

Pour enfants de 6 ans et plus.

ISBN 978-2-89651-361-1

1. Enfants - Droits - Ouvrages pour la jeunesse. 2. Convention relative aux droits de l'enfant (1989) - Ouvrages pour la jeunesse. I. Titre.

HQ789.G76 2009 j323.3'52 C2009-941259-4

Un guide pédagogique est offert sur le site de l'UNICEF et de la courte échelle.

Imprimé en Malaisie